101 maneiras de amar seus filhos

Jelena Janičić-Holcer

101 maneiras de amar seus filhos

Ilustrações de
Dušan Pavlić

Tradução de
Maria Sylvia Correa

PANDA BOOKS

Diretor editorial
Marcelo Duarte

Coordenadora editorial
Tatiana Fulas

Assistente editorial
Vanessa Sayuri Sawada
Juliana Paula de Souza

Assistente de arte
Alex Yamaki

Estagiária
Leika Regina Inoue

Diagramação
Kiki Millan

Revisão
Juliana de Araujo Rodrigues

CIP-BRASIL. CATALOGAÇÃO NA FONTE
SINDICATO NACIONAL DOS EDITORES DE LIVROS, RJ

Janičić-Holcer, Jelena
101 maneiras de amar seus filhos/ Jelena Janičić-Holcer; ilustrações: Dušan Pavlić; tradução: Maria Sylvia Correa. – 1.ed. – São Paulo: Panda Books, 2011.
64 pp.
il.
Tradução de: 101 way to show your kids you love them

ISBN: 978-85-7888-116-0

1. Pais e filhos. 2. Família. 3. Amor. I. Título: Cento e uma maneiras de amar seus filhos.

11-1527 CDD: 306.87
CDU: 392.3

2011

Panda Books
Um selo da Editora Original Ltda.
Rua Henrique Schaumann, 286, cj. 41
05413-010 – São Paulo – SP
Tel./ Fax: (11) 3088-8444
edoriginal@pandabooks.com.br
www.pandabooks.com.br
twitter.com/pandabooks
blog.pandabooks.com.br
Visite também nossa página no Facebook e no Orkut.

Sumário

Em vez da introdução...

Pergunta: Por que é importante mostrar aos seus filhos que você os ama?

Resposta: As crianças precisam se sentir seguras do que pensam e do que acreditam. O mundo delas é cheio de cores, figuras e associações. Elas crescem rodeadas de impressões e vivências caóticas e, assim como os adultos, têm necessidades, emoções e sonhos próprios. Em resumo: o que parece óbvio a um adulto, pode não ser para uma criança, na verdade está bem longe de ser óbvio.

Pergunta: O que acontece quando você expressa seu amor pelos filhos?

Resposta: Eles ganham maior confiança na família, portanto, tornam-se mais seguros. As crianças só se sentem livres e saudáveis se têm certeza da segurança e do apoio familiar. A coisa mais importante que você pode lhes transmitir é que vocês, pais, amam um ao outro e que também as amam muito.

Pergunta: Fazer declarações de amor em excesso não é um jeito de mimar os filhos?

Resposta: Cobrir os filhos de amor, ternura e atenção só pode lhes fazer bem. Nunca é excessivo nem exagerado. As crianças mimadas também são crianças amadas. O que as tornam mimadas é a falta de expectativa dos pais, não o excesso de amor (não existe isso!). Quando os pais se comportam como se os filhos fossem ser bebês para sempre, e não os consideram crianças em crescimento que vão amadurecer, eles as mimam, poupam e fazem as suas vontades. Essas crianças normalmente são intranquilas, e podem crescer inseguras e sem confiança na família.

Pergunta: Por que 101 maneiras?

Resposta: Existem infinitas maneiras. As melhores são as que você imaginar! As aqui apresentadas são apenas lembretes, uma coletânea de ideias.

Sugerimos que você use todas as maneiras, e que as modifique e as aprimore à medida que seu filho for crescendo, além de criar novas formas. Algumas de nossas sugestões naturalmente exigem muito planejamento, organização e paciência. Contudo, ninguém tem um número infinito de filhos, portanto, vê-los crescer felizes vale qualquer esforço. É preciso ter tempo para os filhos.

Se perder a paciência, lembre-se de que está fazendo um investimento no futuro. E demonstrar amor exige algum exercício e prática.

Ao ler este livro, com certeza você também irá imaginar muitas maneiras de exprimir o seu amor. Além disso, o fato de dizer aos seus filhos quanto os ama e de demonstrar esse amor será muitíssimo prazeroso para ambos, você e suas crianças.

1. Eu amo você

Aprenda a dizer a seus filhos que os ama. Comece já! – Aprimorar essa habilidade leva tempo. Talvez seja difícil para você expressar seu amor em palavras, ou talvez ache que seu filho já sente esse amor, uma vez que está subentendido... Não deixe de expressá-lo. Dizer aos filhos que os ama apenas de vez em quando não basta. Além de "eu amo você", empregue outras frases que demonstrem emoções positivas.

Observação: se deseja exprimir sentimentos negativos, esta regra não vale. Tenha cuidado.

2. Baú do tesouro

Em uma caixa ou gaveta, guarde os objetos mais importantes do seu filho, do nascimento aos dois anos. O primeiro chocalho, a primeira chupeta, a pulseira da maternidade, um balão da festinha de um ano, uma página de jornal do dia do nascimento... A criança não vai compreender nada dessas coisas no começo, mas, com o passar do tempo, à medida que o valor das lembranças aumenta, ela vai ter prazer ao perceber como foi querida desde o início.

A maior prova desse carinho, no entanto, seria guardar um cachinho de cabelo do primeiro corte e uma lista das cem primeiras palavras balbuciadas (papá, pepeta...). Se não começar já a colecionar essas lembrancinhas preciosas, daqui a pouco pode ser tarde demais. Depois, faça uma caixa para os anos seguintes, e em seguida outra...

3. Plante uma árvore

Quando seu filho nascer, plante uma árvore. Se vocês não têm quintal, alguém da família deve ter. Ao verificar o crescimento da árvore e compará-lo ao de seu filho, vocês se sentirão orgulhosos. Além disso, se não plantar uma árvore quando seu filho nascer, quando fará isso?

4. Costureira de roupas para boneca

Faça roupinhas para a boneca preferida de sua filha, e arranje parafusos, porcas e pregos para a primeira caixa de ferramentas do seu filho. Não se preocupe; as crianças sabem que está fazendo isso porque as ama, e não apenas pelos brinquedos.

5. Cumprimentos especiais

Invente um cumprimento do qual só você e seu filho partilhem (talvez o resto da família também). Pode ser um aceno de mão específico, uma piscada de olho, um pulinho... Mas deve ser uma combinação de coisas que repitam com frequência. Esse cumprimento vai representar um vínculo especial entre você e a criança.

6. Carinho especial

Assim como seus beijos devem levar uma marca pessoal (esfregar o nariz um no outro, bater os cílios na bochecha etc.), imagine carinhos especiais. Com o dedo, escreva letras ou desenhe formas na barriga da criança, faça-lhe cócegas com uma pena, passe nela um creme depois do banho...

Você também pode inventar abraços especiais: com um só braço, com ambos os braços, com uma perna erguida, com uma mão escondida atrás das costas, com a cabeça virada de determinado jeito.

7. Saco de pancadas

Demonstre aos filhos que os ama, não importando o humor, as vontades ou as manias deles. Em um lugar visível da casa, deixe uma almofada que todos da família possam usar para socar, chutar, ou mesmo, gritar com ela. Essa é uma boa maneira de descarregar a raiva.

As crianças perceberão que são amadas mesmo quando estão zangadas, mas que a demonstração de raiva pode gerar conflito. Pela mesma razão, você também precisa da almofada.

8. Bandeira com mensagem

Faça uma bandeira e a pendure em uma vareta alta. Escreva nela a data do aniversário de seu filho ou alguma outra data importante, e hasteie a bandeira na sacada ou no quintal alguns dias antes do tal evento. Você também pode escrever o nome da criança, desenhar, amarrar balões, fitas e qualquer outro ornamento que combine com a ocasião.

A criança vai gostar de saber que você deseja mostrar a todo o mundo o que é importante para ela e, portanto, para você também.

9. Passe adiante a mensagem amorosa

Ao brincar de telefone sem fio, sussurre várias palavras de amor e carinho no ouvido da criança. O objetivo é que tentem se lembrar delas, embora não seja necessário repetir todas.

10. Venha me consolar

Faça de conta que está grudado na cadeira, ou que está em um navio durante uma tempestade, ou ainda em um avião em um momento de turbulência. Usando a imaginação, aproveite todos os volteios do avião ou balanços do navio contra as ondas para cair nos braços da criança e abraçá-la, de modo que ambos se ajudem e se consolem.

11. Mão na mão

Desenhe sua mão (faça o contorno com um lápis sobre um papel) e, em seguida, contorne a mão de seu filho dentro do desenho maior. Use cores diferentes para colori-las. Você pode registrar as férias dessa maneira, ou fazer um cartão-postal para a vovó.

12. Primeira exposição de arte

Organize uma exposição com os trabalhos de seu filho. Disponha em um canto da casa pinturas, desenhos, figuras feitas com massinha, e receba a visita da família e de amigos.

Você também pode exibir os presentes que ganhou dos filhos, contando a todos, na presença da criança, como gostou deles.

13. *Mocinhos e bandidos*

Demonstre amor a seus filhos, sem ser sempre um adulto chato e irritado. Se decidir mostrar a diferença entre mocinhos e bandidos – algo que pode ser bom, mais tarde, para falar sobre certo e errado –, não perca a oportunidade de inventar fantasias e de fazer um pouco de bagunça, transformando um cobertor em uma barraca.

14. *Carimbo de batata*

Faça carimbos personalizados para as crianças. Escave em uma batata formas escolhidas por elas e mergulhe a batata em tinta para carimbar tudo que não pretende lavar depois.

Essa brincadeira ajuda as crianças a se sentirem especiais, únicas e diferentes, e a criarem uma imagem positiva delas mesmas.

Também pode-se fazer figuras com fatias de batatas, cenouras e pepinos. Uma careta sorridente, com olhos de uva-passa, não ajudaria seus filhos a comerem melhor?

15. Bom-dia!

Toda manhã, beije seus filhos ao acordá-los. Talvez eles tenham aborrecido você na noite anterior, talvez esteja com pressa. Ou, quem sabe, ache que nem percebem que você os está acordando, muito menos de que maneira... Não pense assim. Acorde-os com beijos, e faça disso um hábito.

Se já estiverem acordados, passe batom na sua boca e na deles e imprimam nas bochechas um do outro a marca de beijos. Em seguida, unam-se e façam a mesma coisa no rosto do papai (ou no da mamãe).

16. Com as suas roupas

Demonstre a seus filhos que os ama partilhando com eles coisas que jamais imaginariam que você partilharia. Se desejarem, deixe que se vistam com suas roupas em casa, ou em uma festa específica, mesmo que fiquem desajeitadas de tão grandes. Às vezes, as crianças fazem isso para estabelecer um vínculo especial com os pais, para se identificar com eles como modelo principal, para parecer maiores e mais importantes, além de menos solitários diante de si mesmos.

17. Guarda-chuva feliz

No lado interno do guarda-chuva de seu filho, desenhe um sol, corações e flores, escreva o nome dele ou um bilhete em um código que só você e ele possam entender. Decore, alegre e dê brilho aos dias chuvosos da criança.

18. Brincadeiras de festa

Estabeleça regras para as brincadeiras de festa, regras que só sirvam para a sua família e mais ninguém. O prêmio para o vencedor podem ser dez beijos ou um desejo realizado, os doces preferidos ou um filme. Ao criar as brincadeiras, exagere os termos que se refiram à criança: "Onde será que o Superpaulo se escondeu?", "Quem vai conseguir encontrar a lindíssima Susana?".

19. Banda em família

Invente instrumentos novos no corpo um do outro. É possível produzir vários sons dando tapinhas nas bochechas, assoviando ou zunindo, dizendo "péim" quando um toca na ponta do nariz do outro.

Você também pode se fazer de instrumento musical (os pais adoram essa brincadeira) deitando-se de barriga para baixo e deixando que a criança ande pelas suas costas, o que é um tipo especial de massagem.

O uso do toque, aliado a vários sons, é um substituto excelente para a comunicação verbal e um estímulo a ela, uma vez que o vocabulário das crianças pequenas é ainda um tanto limitado. Todos esses tipos de contato são, em geral, divertidos e carinhosos, ajudando a criança a compreender a linguagem não verbal do amor.

20. Fazer barulho é divertido

Cante para seus filhos (mesmo que você seja a desafinação em pessoa). Já que o tema é barulho, arrume algumas panelas e caçarolas velhas, e junte-se a seus filhos para fazer barulho com elas. Dez minutos de sinfonia de panelas faz milagres em termos de levantar o astral, e não chega a incomodar os vizinhos. Não demora, e a simples lembrança dessa "música" vai fazê-los dar risada.

21. Flores para as crianças

De vez em quando, traga um buquê de flores para sua filha, como se ela fosse adulta. Mas não faça muito estardalhaço.

Certifique-se de que o buquê está em papel adequado, de não haver nenhum motivo especial para trazê-lo, e comporte-se como se ela estivesse recebendo algo que já está acostumada a receber de você; não é preciso dizer nada.

22. Pintura na cortina

Conheço um pai que pintou um imenso coração rodeado de flores nas persianas de madeira da casa, pelo lado de dentro.

É prático?
Como está do lado de dentro, não sofre com a chuva, e, como em geral as persianas ficam enroladas durante o dia, o desenho não atrai a gozação de ninguém. Basta, porém, que seja desenrolada no início da noite para que a criança abra um sorriso e se lembre do amor de seu pai.

23. Quanto? Tudo isso!

Ensine a seu filho um exercício que pode se tornar um hábito vida afora. Ao lhe perguntar: "Quanto a mamãe gosta do seu filho?", ele deve abrir bem os braços. Mais tarde, esse gesto conhecido por vocês dois vai lembrá-los desse segredinho de infância e do tamanho do amor de vocês.

24. Criação de perfume

Junto com seu filho, invente um perfume especial. Misture todos os ingredientes que ele escolher em um vidro e dê ao perfume o nome dele. A fragrância não será lá muito agradável se houver orégano ou corante, mas vocês vão se divertir, e seu filho se sentirá orgulhoso de ter criado o próprio perfume.

25. Brinquedos velhos para criança nova

Se você tem espaço, guarde todos os brinquedos das crianças. Pelo menos, os primeiros brinquedos e os preferidos. Sempre será divertido revê-los com elas ou doá-los a uma criança menor.

Observação: nunca jogue fora nem doe nenhum brinquedo sem antes perguntar a seu filho.

26. Escolha de foto

Na companhia de seu filho, escolha uma foto dele ou de toda a família para colocar sobre a mesa de trabalho. Esse é mais um jeito de demonstrar aos filhos quanto os valoriza e pensa neles, mesmo quando está longe.

27. O herói da história

Ao contar histórias na hora de dormir, faça da criança o herói da narrativa. O herói, claro, é sempre bom, bonito, inteligente, grande e adorado por todos os demais personagens da história.

28. Distintivos, medalhas e coroas

Faça distintivos e medalhas de cartolina, de modo que você e as crianças possam entregá-los como prêmios aos membros da família em datas específicas.

Por exemplo, na primeira semana de maio, quem lava melhor a louça; nas férias, o melhor nadador...

Você também pode fazer uma coroa de cartolina, e o coroado, uma vez por mês, ganha o direito de ter todos os desejos realizados pelo resto da família.

29. Direito à supremacia

Os pais são os responsáveis por ensinar as crianças a nadar, a andar de bicicleta, a fazer bolas de neve e muitas outras coisas. Não deixe de ter o prazer de ser o primeiro a fazer castelos de areia, a empinar pipa, ou a jogar futebol com seu filho. Ele nunca se esquecerá dessas coisas.

30. Papai faz a barba

Envolva seu filho no universo masculino, deixando que participe do momento em que você faz a barba, e partilhe com ele segredinhos e histórias masculinas. Queridas mamães: mesmo que esses segredinhos se refiram a futebol ou a mulheres, não sinta ciúme desse vínculo masculino. Quanto maiores os vínculos afetivos desse tipo, mais feliz se tornará a criança. Sossegue e aproveite!

31. A história dos avós

Respeite os avós. Não questione o papel deles e seus direitos. Além de tudo que sabem e podem fazer, será inestimável que possam satisfazer a curiosidade da criança a respeito da infância dos pais, quando for mais madura – aos três ou quatro anos de idade. Saber que os pais também foram crianças é muito importante para os filhos. E quem melhor para lhes apresentar essa realidade do que vovós e vovôs?

32. Preparativos para as férias

Faça de todos os feriados e festas *verdadeiros* feriados e festas.

Use brinquedos e chocalhos como decoração de Natal. Pinte ovos de Páscoa com a criança. Canetinhas hidrográficas e tinta funcionam bem para esse fim.

Não compre convites de festa prontos. Façam vocês os próprios convites e divirtam-se fazendo o bolo. A criança vai gostar de fazer os preparativos e entrar em clima de festa. O brigadeiro dá uma massinha boa de modelar para a decoração do bolo.

Não tenha dúvida: a decoração do bolo feita pelas crianças será muito melhor que a sua!

33. Estreia no cinema

De tempos em tempos, registre seus filhos em vídeo. Se não tem uma câmera, consiga uma emprestada de alguém.

Faça filminhos em que seu filho desempenhe o papel principal. Não registre apenas festas, férias e ocasiões especiais; filme também situações cotidianas. Dê títulos atraentes às produções: *Alex em ação – Parte 3*, ou *Susana – A rainha dos patins* etc.

Assim terá lembranças preciosas, e seu filho, a satisfação de estrear em uma produção cinematográfica.

34. Crianças no trabalho

Leve seus filhos ao trabalho. Essa estratégia ajuda a desmistificar seu emprego, e desse modo eles podem compreender porque você precisa sair todo dia e ficar fora tanto tempo. A experiência vai tranquilizá-los quando estiverem sem você.

35. Quebra-cabeça da família

Com uma fotografia da criança ou da família, faça um quebra--cabeça em um papel-cartão.

Para enfatizar que a família é especial, você também pode colar fotos de todos em algum calendário em uso.

36. Juntos

Para fazer sempre *juntos*: assistir a desenhos animados, brincar com jogos, inventar brincadeiras e histórias, passear, fazer cócegas um no outro, fazer compras, dançar, ler, fazer caminhadas, ver formato de bichos em nuvens e cantar.

37. Vasos em copos

Transforme coisas que a criança não use mais em novos objetos. Você pode, por exemplo, reutilizar antigos copos de bebê, usando-os como porta-lápis ou vasos de plantas. As crianças vão adorar perceber que esses objetos são tão importantes para você, que não deseja se livrar deles.

38. Tudo se torna brinquedo

Caixas vazias, garrafas de plástico, palitos de dente, castanhas, trapos, pedaços de arame podem se transformar em novos instrumentos musicais, bichos, bonecas e vários outros brinquedos. Pinte vasos de flores, pendure sinos de vento de conchinhas na sacada, construa prédios de caixas de papelão, faça pipas com pedaços de sacolas plásticas...

Lembre-se de que crianças saudáveis em idade pré-escolar precisam de cerca de oito horas de diversão por dia. Contribuir com elas será divertido para todos.

39. Que lindo!

Diga às crianças como estão ficando bonitas. Com isso, estará lhes dizendo como as considera grandes (afinal, você não lhes disse isso quando eram bebês) e, ao mesmo tempo, incentivando a autoestima. Esse elogio é tão importante para crianças quanto para adultos.

40. Registro da voz em gravação

Grave a sua voz de modo que seu filho possa tê-la como companhia quando não você está em casa. A história preferida dele gravada com sua voz vai fazer com que se sinta menos solitário e amenizará sua ausência.

Você também pode gravar as crianças falando, cantando, bocejando, rindo, recitando poemas...

41. A árvore genealógica

Desenhe a árvore genealógica da família, com o nome da criança no centro e todos os ancestrais conhecidos dos dois lados, maternos e paternos.

Use um papel bem grande, cole fotografias dos parentes ao lado de cada nome e, se preferir, reserve espaço para futuros bebês.

42. Em vez de pincéis, mãos

Demonstre seu amor permitindo que as crianças realizem coisas que só poderão fazer enquanto são pequenas. De vez em quando, deixe que lambuzem as mãos de tinta para pintar em grandes folhas de papel.

43. A importância do nome

Chame sempre a criança pelo nome. Nome, não apelido. As crianças gostam que os adultos ajam assim, pois se sentem mais parecidas com eles. Também permita que escolham um nome para o carro, árvores, animais de estimação... qualquer coisa à qual a criança queira nomear.

44. Presente-surpresa

Estimule seus filhos a fazer pequenos presentes-surpresa para o papai (ou para a mamãe), e os auxilie na tarefa: esculturas de massinha, desenhos, bilhetes, poemas... Sempre que possível, faça pequenas surpresas para as crianças. Talvez elas colecionem bolinhas de gude, figurinhas, brinquedinhos, doces. Embrulhe os presentinhos em papéis brilhantes e decore o pacote com fitas. Isso contribui para o ritual e prolonga o momento de presentear. Além disso, não importa o tamanho da lembrancinha, a surpresa ganhará dimensões de um verdadeiro presentão.

45. Igualzinho a Hollywood

Imprima as mãos e os pés da criança em argila ou em papel, e lhe mostre de vez em quando. Comente com ela que existem outras crianças da idade dela que também podem imprimir as mãos e os pés, mas que a impressão dela é única, especial e inimitável.

46. Estatuto da criança e do adolescente

Conheça o Estatuto da Criança e do Adolescente e respeite os direitos ali estabelecidos. Entre outras coisas, a criança tem direito ao gosto pessoal e direito de escolha: desde o que deseja vestir ou o brinquedo favorito, até a escolha dos amigos. Não se esqueça de que seu filho tem direito a tempo livre, e também de aproveitá-lo como quiser.

Tem ainda direito de gritar, de resmungar, de sussurrar, de saltar... Além do direito de ser diferente de você e de ter as próprias ambições, desejos e planos.

47. Penteado carinhoso

Esperamos que você já partilhe com seu filho um pequeno ritual na hora de pentear ou cortar os cabelos dele.

Há crianças que, mesmo depois de muito tempo, conservam esse hábito da infância, para grande alegria dos pais.

Apesar disso, você deve parar de cortar o cabelo de seu filho assim que já estiver grandinho e puder ir a um cabeleireiro de verdade.

48. Lista de qualidades

Faça uma longa lista das qualidades de seu filho. Decore-a, coloque uma moldura e a pendure na parede. Ao ver a lista, a criança vai sempre se lembrar de quanto é amada e ganhará mais confiança em si mesma.

49. Sinais secretos

Junto com a criança, invente sinais secretos que possam ser empregados para tratar de assuntos que causem constrangimento se forem ditos em voz alta. Por exemplo, para pedir que se sente direito, você pode coçar o nariz; enrole uma mecha de cabelo para solicitar que pare de cutucar o nariz; toque seu joelho para avisá-la de que não deve contar mentiras; pisque três vezes para indicar que ela deve sair da mesa.

50. Queda livre

Posicione-se por trás da criança, peça-lhe que relaxe e se deixe cair, segurando-a assim que vier em sua direção. Depois, troque de posição com ela. Se ela não conseguir segurá-lo, chame a mamãe (ou o papai) para participar da brincadeira. As crianças gostam de ver a confiança que os pais têm um no outro. Deixar-se cair, acreditando que alguém vai segurá-lo, é uma prova de muita confiança.

51. "Um elefante comeu uma bola de futebol"

Recorte notícias de jornal sobre todo tipo de assunto que possa interessar a seus filhos, e guarde-as até que saibam ler. Podem ser notícias sobre zoológico, times de futebol que procuram jovens talentosos, grupos de teatro, o circo que chegou à cidade...

52. Bem-vindos a sua casa

Se as crianças chegam da escola antes de você, deixe bilhetes fixados com ímãs na geladeira ou mensagens na secretária eletrônica. Mas não escreva apenas coisas como "O almoço está na geladeira" ou "Papai está no trabalho", porque seria insultar a inteligência de seus filhos. Eles sabem muito bem que o almoço não está na máquina de lavar! É melhor escrever lembretes como este: "Não se esqueça do almoço".

Escreva-os em papel recortado em forma de chapéus, aviões ou navios, e não se esqueça de assinar: "Beijos, mamãe".

53. De coração para coração

Recorte corações de papel de diferentes cores e os espalhe como sinal de desculpas após uma briga, como um cumprimento de bom-dia pela manhã, ou como recado para a volta da escola.

Você também pode pintar e guardar corações feitos de massa de pão, argila, papel. Dá um pouco de trabalho, mas vale a pena. Use-os como decoração de Natal, em jantares, festas de criança... mas, sobretudo, para demonstrar o seu amor aos filhos.

Você se lembra de que as vovós costumavam bordar coraçõezinhos e as iniciais dos nomes dos netos em toalhas e travesseiros? Não é nada muito complicado de fazer.

54. Caça ao tesouro

Organize uma caça ao tesouro em sua casa. Pense nos obstáculos. As crianças dão um passo na direção do objetivo final ao responder uma questão corretamente, terminar o almoço, dar um beijo na vovó... (Cuidado para não fazer chantagens!)

O "tesouro" deve ser uma surpresa, um presentinho que você escondeu em algum lugar secreto. O planejamento de uma caça ao tesouro é um pouco complicado, mas a brincadeira pode durar dias. Vale a pena!

55. Brincadeiras da sua infância

Ensine as brincadeiras da sua infância a seus filhos. Mostre como fazer, explique as regras e os incentive a contar aos colegas. Se a turma se interessar, será um sucesso! Conte-lhes também algumas piadas. Existem muitos livros com piadas próprias para crianças.

56. Queridos primos

Se algum parente deu dinheiro a seu filho e vocês compraram um livro, escreva o nome do parente na primeira página, ou cole uma foto, se for o caso. Assim, essa lembrança estará sempre na memória, e você alimenta na criança a devoção à família, importante elemento na construção de sua segurança.

57. Eis que surge um artista

Demonstre amor por intermédio da disposição em criar coisas junto com seus filhos. Folhas secas, pinhas, sementes... antes do Natal, basta pintá-las de dourado. No verão, colecione conchas, seixos, e depois decore com eles molduras de fotografias que possam ser presenteadas a amigos. Na primavera, colecione sementes, flores, pétalas. Deixe-as secar sob algum peso e em seguida cole-as em cartolinas, fazendo quadrinhos que possam ser emoldurados, como um verdadeiro artista.

58. Festa de *des*aniversário

De vez em quando, faça festinhas de *des*aniversário, com bolo, velinhas, amigos, jogos e balões, como as festas de aniversário, mas explique aos convidados que se trata de um *des*aniversário.

Nas férias ou em feriados, ou ainda em dias normais, encha balões, desenhe neles corações, esfregue-os no cabelo de seu filho, ou no seu mesmo, e deixe que grudem no teto da casa.

59. Divisão de tarefas

Enquanto estiver sendo prazeroso para vocês, partilhe as tarefas domésticas com seus filhos. Dessa maneira, você demonstrará que os trata com igualdade, pois divide com eles tanto as obrigações quanto as responsabilidades.

É muito importante dividir as tarefas da cozinha. Uma vez que lá é onde você passa um bom tempo produzindo vários "milagres", trata-se de um lugar especial, no qual as crianças só poderão ser admitidas com sua permissão.

60. Carteirinha de sócio

Assim que seus filhos conseguirem escrever o próprio nome, leve-os para se inscrever em alguma biblioteca, por exemplo, ou videolocadora. Eles se sentirão orgulhosos de ter uma carteirinha com a assinatura.

61. Pôster do corpo

Deite seu filho sobre uma folha de papel bem grande, ou várias folhas pequenas unidas com fita adesiva, e faça o contorno do corpo dele com um lápis. Em seguida, deixe que ele mesmo desenhe os olhos, a boca, as mãos. Esse desenho vai te ajudar a perceber como a criança vê a si mesma. Depois, complete o desenho com você abraçando seu filho, ou faça borboletas, corações com seus nomes, flores, balões...

62. Correspondência com desenhos

Quando você e seu filho estiverem se divertindo, ou apenas à mesma mesa, cada um fazendo uma atividade diferente, deixe uma folha de papel por perto.

Quem tiver vontade, desenha algo ou escreve um bilhete e passa para o outro, que responde de imediato ou quando desejar. Faça associações variadas: desenhe representações de sons, cores, cheiros, o clima do dia, sentimentos...

63. Quando você era pequeno

Comente com seus filhos como eles eram lindos quando bebês, e como continuam a ser maravilhosos. Conte a eles quais foram as primeiras palavras que disseram, quando deram os primeiros passos sozinhos, como comiam bem pouquinho, as doenças que tiveram e como acordavam várias vezes à noite, mas, sobretudo, como eram engraçadinhos. Conte como foi a escolha do nome deles, as outras opções que se tinham em mente, e como foi importante essa escolha, além de bela e séria.

64. Espelho, espelho meu...

Deixe que as crianças decorem a moldura do espelho do quarto delas. Quanto mais alegre a moldura ficar, mais contente as crianças se sentirão ao olhá-la. Desse modo, você incentiva uma percepção positiva e a aceitação de si mesmas.

65. Carinho com a natureza

As crianças devem aprender sobre ecologia. Assim, também se ensina o respeito pela vida.

Comece com exemplos simples: ensinando o cuidado com os animais e o respeito por eles, insistindo que joguem o lixo no lugar adequado etc.

Se houver, em sua cidade, alguma entidade que cuide de animais, por exemplo, veja se seus filhos podem contribuir de alguma maneira. Com essas atitudes, as crianças se sentirão menos sozinhas, e tomarão consciência do mundo ao seu redor, além de obter um prazer extra: a responsabilidade. Elas se sentirão importantes, adultas e orgulhosas.

66. Em boa companhia

Na rua, nos parques, na praia, brinque com seus filhos: bolinha de gude, esconde-esconde e muitas outras brincadeiras que talvez você nem conheça.

Não importa a sua idade nem quantas outras crianças estão brincando. Desde que o convidem para participar das brincadeiras, nem pense em ficar envergonhado, ou que talvez esteja fazendo papel de tolo.

67. Hora da gargalhada

Apesar de tudo o que fez para tornar a sua casa um lugar alegre e divertido, estabeleça um momento só para as gargalhadas. Pode ser domingo de manhã, quando estão todos reunidos. O ideal é que seja uma hora por semana, e que todos da família preparem piadas, brincadeiras, poemas cômicos e canções, façam gozações, caretas etc. Essa sessão de relaxamento é uma boa ocasião para registrar o vínculo familiar em vídeo, garantindo assim um material que vai divertir a todos por muito tempo.

68. Biscoitos de coração

Faça biscoitos ou saborosas guloseimas em forma de coração. Eles podem ser um agrado a seu filho quando estiver chateado ou tristonho. Mesmo sabendo que esses lanchinhos podem não fazer diferença alguma, as crianças vão gostar de comer biscoitos em forma de coração ou outros docinhos, e perceberão que você está enviando recados dessa maneira. Delícias em forma de coração têm ainda mais efeito quando feitos pelo pai.

69. Moda

Converse sobre as joias de família com sua filha e deixe que ela experimente sua maquiagem. É melhor que ela brinque com o próprio visual ao seu lado do que acompanhada das amiguinhas. A criança precisa saber que você percebe o crescimento dela, sem interferir em suas tentativas, nem forçá-la quanto às preferências de estilo. Enquanto amadurecem, os pequenos mudam de gosto muitas vezes e bem depressa. Se está horrorizada com a nova moda de cores de esmalte, tenha paciência, pois ela vai passar.

70. O momento certo

Ao buscar os filhos na escola, nos treinos ou em aulas de música, leve sempre uma maçã, biscoitos ou suco de fruta. Assim, eles saberão que você pensa neles mesmo quando estão ausentes.

71. Baile à fantasia

Com seus filhos, organize um baile à fantasia com todos os amiguinhos e vizinhos. Escolha um tema e uma data com antecedência. Convide também os pais das crianças, se desejar. Seus filhos se sentirão como anfitriões, e, aos olhos dos amigos, a sua casa será um lugar de diversão e alegria.

72. Vamos brincar de teatro

Sempre leve a sério todas as apresentações escolares de que os filhos participem. Além de assisti-las, ajude-os com roupas e maquiagem, a memorizar o papel e a perder a timidez ao se apresentar.

A regra é simples: tudo o que é importante para seus filhos, deve ser importante para você.

73. Saudações a vocês

Se você está longe das crianças por motivos de viagem, envie cartões-postais. Mesmo que elas não tenham ficado em casa, vão achar divertido, na volta, encontrar cartões em que você diz "olá" ou que sente saudade. Sua assinatura pode ser um coração. Afinal, quem não gostaria de um cartão assim?

74. Acordar mais cedinho ainda

Organize programas familiares com frequência. Sempre que possível, vá com a família ao cinema, às compras ou andar de bicicleta. Faça piqueniques, caminhadas, vá à casa de amigos que também têm filhos. Tente levantar mais cedo para ter mais tempo com as crianças. Não se trata de acordar cedo devido às tarefas domésticas, ou para cuidar do resto da família, tampouco para finalizar trabalhos que trouxe para casa, não. É apenas para ficar com as crianças mesmo.

75. Ataque de amor

Abrace e beije seu filho como fazia quando era pequenininho. Se ele não estiver em um bom dia, você pode ajudar agarrando-o, segurando-o com firmeza e o enchendo de beijos e cócegas.

76. Ginástica em casa

Peça a seu filho que lidere os exercícios matinais da família. Se ele não for grande simpatizante de exercícios físicos, não se esqueça de carregá-lo nos ombros ou de deixá-lo montar em suas costas (quanto puder e enquanto puder).

77. Bilhetinho no lanche

Deixe bilhetinhos na lancheira da criança, seja para encorajá-la em alguma aula difícil ou apenas para transmitir palavras de afeto. Você também pode deixar ingressos para o cinema ou para shows.

78. Painel da família

Faça um painel de fotografias na companhia de seus filhos. Conte-lhes todas as histórias engraçadas sobre parentes que conhecem ou sobre aqueles que nem chegaram a conhecer. Isso vai aproximá-los de outros membros da família, o que é uma maneira das crianças compreenderem quem são eles, sentindo-se seguras por pertencer a uma família.

79. Nossa planta

O pai (ou a mãe) e a criança podem plantar algo no jardim ou em um vaso, e cultivar essa planta juntos, combinando quem e quando vai molhar a plantinha, quem vai conversar ou até cantar para ela. Trata-se de esforço conjunto, responsabilidade e segredo partilhados. Alimente esse sentimento por muito tempo, com bastante amor.

80. Meu amigo Papai Noel

No aniversário de seu filho, contrate um palhaço ou um mágico e, no Natal, providencie um Papai Noel. Todo mundo vai se divertir muitíssimo e suas festas se tornarão parte do folclore da vizinhança. Imagine a alegria de uma criança pequena se você e os avós entrarem na sala de braços dados com Papai Noel (com um saco de presentes que você, claro, providenciou antes)!

81. Direito ao aconchego

Mesmo que considere que os filhos já cresceram bastante, nunca tire deles o direito de se aconchegar, de se enfiar em sua cama pela manhã ou de se sentar no seu colo. Até os adolescentes têm necessidade de voltar a ser bebês junto das mães (é evidente que só quando têm certeza de que a mãe não vai fazer nenhuma gozação e ninguém mais está vendo).

82. O amuleto

A fim de amenizar a tristeza dos momentos de separação, dê aos filhos objetos que representem amuletos, por exemplo, pequenas fotografias ou doces. Diga-lhes: "Quando não estiver bem, tire isto do bolso para pensar em mim e lembrar como amo você".

83. Caixinha de sugestões

Faça uma caixa de segredos e sugestões. As crianças já alfabetizadas às vezes preferem escrever segredos, críticas, objeções a dizê-los em voz alta. Para você, como a criança preferir se colocar não fará diferença alguma, desde que haja confiança na comunicação e que ela expresse o que deseja.

84. Títulos fazem história

Com seu filho, recorte dos jornais manchetes interessantes, quem sabe até de uma data especialmente importante para vocês. Em uma folha de papel, cole as manchetes em sequência, formando uma história. Vocês também podem combinar e fazer um poema, uma carta... simples e divertido. E a lembrança ficará para sempre.

85. Um cantinho particular

Seu filho deve ter um cantinho da casa ou do quarto onde reine absoluto. Mesmo que ali queira desenhar na parede, colar cartazes, escrever um diário... nenhum problema. Nesse cantinho tudo é permitido. Não faça comentários, não arrume, apenas esqueça de sua existência. Se tiver um quintal, providencie um espaço para as crianças. Você poderá usar bandeiras com o nome delas para personalizar o local. E elas poderão plantar alguma coisa ou aparar a grama do lugar, ou ainda criar um bichinho de estimação. Estimule-as, mas deixe a escolha por conta delas.

86. Feliz Natal!

Se você envia cartões de Natal para outras pessoas, por que não enviar um cartão para o próprio filho?

87. Mesada

É preciso que os filhos tenham uma carteira e algum dinheiro semanal ou mensal para lanche, passagens de ônibus, ingressos, passeios nos fins de semana e outras coisas assim. No início das aulas, ajude-os a organizar a agenda escolar.

88. O jornal local

Crie e imprima um jornalzinho da família. Uma vez por mês, todo mundo deverá escrever, desenhar, inventar uma brincadeira ou algo do gênero. Reúna as contribuições, edite a página principal, invente um título como *A Gazeta dos Silva*, imprima o jornalzinho e encaderne-o para a posteridade.

89. Câmera oculta

Combine com as crianças um dia da semana em que todos devem espiar um dos pais em segredo, durante uma hora, e depois contar tudo o que viram. Você vai se surpreender, pois as crianças muitas vezes vão aproveitar a ocasião para lhe contar algo que as está chateando, algo de que você nem suspeitava, que não tem relação alguma com o seu comportamento durante aquele momento.

90. Falas-surpresa

De vez em quando, adentre o quarto dos filhos quando menos esperam e lhes diga: "Vocês têm alguma ideia de quanto gosto de vocês?".

91. Crianças na internet

Crie um site na internet com as fotografias de seu filho. Se você é do tipo que fica irritado com pais que estão sempre exaltando os próprios filhos, essa é uma boa maneira de mostrar ao mundo o orgulho que sente de seu rebento, ao mesmo tempo que poupa as pessoas ao redor da mesma inconveniência. Com certeza, a criança vai saber apreciar esse seu gesto.

92. Minha belíssima mamãe

É importante que você esteja apresentável quando vai à escola dos filhos (para a reunião de pais, por exemplo). Arrume-se. Deixe de lado o princípio segundo o qual deveriam ter orgulho de você como você é.

93. Nosso bebê preferido

Mostre às crianças os álbuns de fotografia de quando eram bebês. Converse sobre cada foto, onde foram tiradas e quais eram as circunstâncias. Não seja preguiçoso: assim que tirar uma foto, anote o local, a data e uma descrição do momento registrado no verso de cada impressão. Chegará o dia em que mal vai poder acreditar em como as crianças eram pequenas e quanto vocês se divertiam.

94. O pequeno mágico

Ensine alguns truques de mágica a seus filhos, mas comente que sempre devem revelar o segredo do truque aos amigos no final. Assim, terão como aliados esses companheiros, talvez amigos por toda a vida, tornando-os participantes ativos da camaradagem, e não adversários.

95. Mensagem de amor

Você já grafitou uma mensagem de amor na parede do quarto de seu filho? Às vezes assina o seu nome assim (ou talvez tenha feito um distintivo com esses dizeres): "Mãe do Rogério"?

96. Cartas aos ídolos

Estimule os filhos a escreverem cartas para o escritor, cantor ou atleta favorito, endereçando-as a editores, agências ou clubes.

Quem sabe até recebam alguma resposta! Eles ficarão muito orgulhosos.

97. Pensando em você

Se houver alguma situação na escola ou em outro evento que seu filho gostaria de deixar uma boa impressão, e no qual você não poderá comparecer, prometa que vai pensar nele. Ao abraçá-lo, sempre pergunte o horário do início do evento. Talvez possa deixar com ele alguma bijuteria, pedrinha ou algo assim, que tenha lhe dado sorte em circunstância semelhante, proporcionando-lhe maior confiança.

98. O primeiro diploma

Faça um "diploma" para seu filho, escrevendo-o à mão, imprimindo-o em um computador ou em papel-jornal. Ele deve ficar igualzinho a um diploma verdadeiro, com o máximo possível de detalhes – nome do diplomado, data de nascimento, endereço (quanto mais detalhes desse tipo, mais a criança se sentirá orgulhosa) –, e levar a inscrição: O(A) MELHOR FILHO(A) DO MUNDO.

Emoldure o diploma e o pendure em um lugar de destaque na casa, com todo o devido respeito.

99. Lembranças escolares

Guarde os cadernos escolares de seu filho, em especial os que tenham redações como "Minha mãe", "O trabalho do papai", "As férias" que costumam fazer parte dos programas de quase toda escola.

Guarde as fotografias de seu filho, relatórios escolares, presentes de Dia das Mães ou de Dia dos Pais. Uma boa ideia seria fotografar os pertences que são difíceis de guardar por muito tempo (talvez não haja espaço suficiente) ou os que têm de ser devolvidos à escola.

100. Máquina do tempo

Solte a imaginação e invente uma máquina do tempo. Revisite as festinhas de aniversário de seu filho e imagine acontecimentos do futuro. Uma máquina do tempo é uma boa maneira de estimular as ambições da criança e ajudá-la a fazer planos para o futuro.

101. Escreva um livro como este

Nunca deixe de aprender mais sobre os seus filhos, observando-os, escutando-os ou acariciando-os. Conheça o discurso não verbal das crianças e, ao mesmo tempo, ouça com cuidado e memorize o que estão dizendo. Tente compreender não apenas a maneira de pensar delas, mas como são diferentes de você. Nunca deixe de beijar e abraçar seus filhos.

Um bom jeito de você e dos pequenos se divertirem é continuar sempre pensando em formas de demonstrar carinho.

Mantenha na bolsa um caderninho onde possa fazer anotações sobre maneiras de dizer a seu filho o quanto o ama. Não importa o que venha a colocar em prática; só a intenção, bem como uma espiada da criança no tal caderninho, já lhe darão amostras de seu amor.

Aliás, como você acha que este livro foi escrito?

Conheça outros títulos da Panda Books:

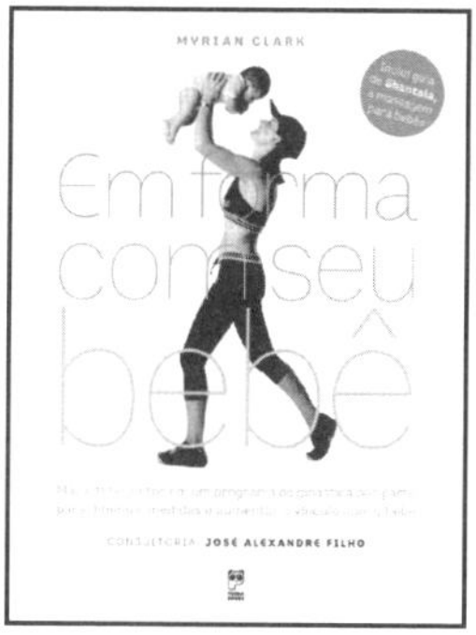

PANDA BOOKS

Impressão e Acabamento
Bartira
Gráfica
(011) 4393-2911